AF276342

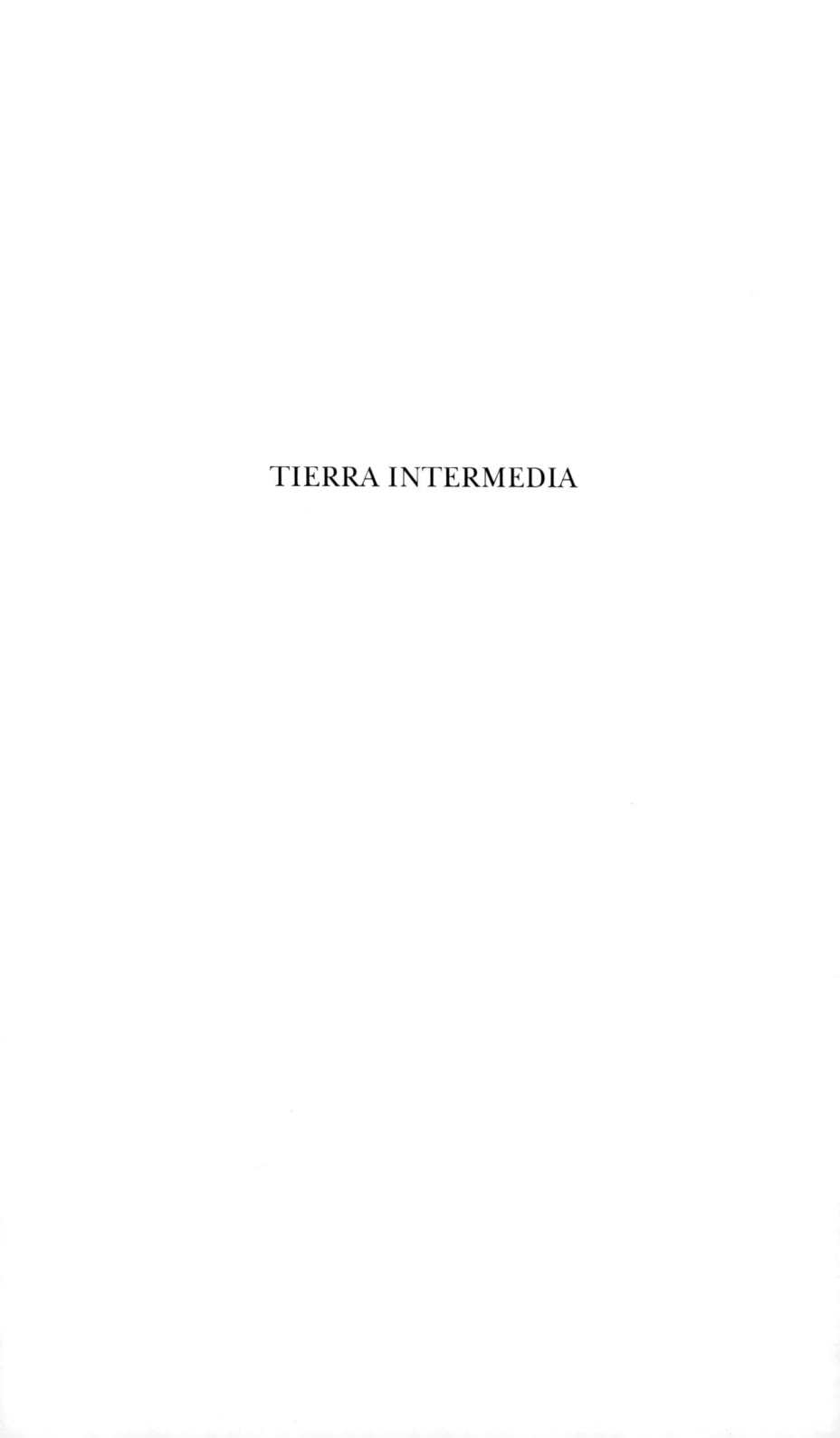

TIERRA INTERMEDIA

TIERRA INTERMEDIA

MARÍA AUXILIADORA MIRANDA-GARCÍA

Valparaíso
EDICIONES

Número 472 de la Colección VALPARAÍSO DE POESÍA
dirigida por FEDERICO DÍAZ-GRANADOS

Diseño de portada: Chari Nogales
www.charidisonadora.com
Imagen de portada: *Cueva del fantasma*, por Henry González

Primera edición: mayo de 2025

TIERRA INTERMEDIA
(POESÍA)

A mi hermana Katiuska,
al puente transatlántico, indestructible,
que hemos construido.

Estar aquí por años en la tierra,
con las nubes que lleguen, con los pájaros,
suspensos de horas frágiles.
A bordo, casi a la deriva,
más cerca de Saturno, más lejanos,
mientras el sol da vuelta y nos arrastra
y la sangre recorre su profundo universo,
más sagrado que todos los astros.
EUGENIO MONTEJO

I

Al principio la patria está cerca,
al alcance de la mano,
sólo después,
crece, sangra, duele.
TADEUSZ RÓSEWICZ

ITINERARIO

Esto no es sobre la memoria,
que se desintegra al ras del vidrio,
tampoco es sobre las personas
que se cruzan, y en ese azar
algo se entregan.

Es sobre el pasado,
ceremonia que divaga
de hombre en hombre,
por bosques simples
y desiertos complejos.

Es sobre los cuerpos,
el hilo que los conduce,
y sus miradas esquivas.
Movimientos sacádicos
devoran los paisajes,
poco a poco se pierden.

Es sobre las búsquedas
y los hallazgos fortuitos,
es referente a los latidos,
tamborileo indescifrable,
anclas símiles y poderosas,
los aferran, a algún lugar.

OTRO ESPACIO

Un espacio se ha disuelto,
intento descifrar las huellas.
Me reconozco
en otro orbe,
en mi destierro.
Un océano se interpone
vasto e inasible,
el de la memoria,
todo en lo que creo,
ha signado mi vida,
indica el camino,
donde procuro existir.

CEGUERA

Mi nostalgia eran los viejos tiempos,
mi nostalgia era el presente,
mi nostalgia era el futuro
y con todo ello me muero en una garita
al borde de la carretera
FRANZ KAFKA

La montaña crece,
me recibe sola.
En su risco,
el blanco silencio,
nostalgia heredada,
la incertidumbre.
Esto que rompe,
y sigue volcando la vida.

VALIJA

Con mórbida esperanza,
la de ser vistos,
entre los audífonos y mi lámpara
se sostienen.

Cunningham palidece aprisionado
justo bajo la fisiología de Guyton,
revistas, fotos, recetas, miedo
confían en el próximo paso, en mí.

Un Cervantes enigmático,
narra a Borges sus hazañas,
la teología rompe en el fondo,
lanza sus gritos terrestres.

Ramos Sucre y Peláez
traman nuevos intentos,
Montejo es el amuleto,
la bendición paterna.

Lenguas muertas viajan
junto a letras vivas
en esta añoranza
permitida a ratos.

Embalo un trozo de vida,
que respira y palpita,

que sigue a tientas
buscando su candil.

TIERRA INTERMEDIA

El tiempo se demora,
en procesiones infinitas
deja su trazo y me esquiva.

Recuerdo esas voces
de menguante aliento,
su cadencia, mi abrigo.

El brillo solar, un trigal.
Mundo detenido en el poema,
en otra tierra, la de los míos.

Aquel lugar,
mínimo espacio
donde estar a salvo.

Nido fértil,
bocanada milagrosa
para los días sin fe.

SAL DEL MUNDO

Aprendemos a navegar,
a morir y revivir en ráfagas,
a negociar con los recuerdos
y las sombras que nos persiguen.

Expertos volantines de añoranza,
colectores furtivos de risa empolvada.
Pedimos excusas, usamos la silla vacía
y regresamos a la casa del sueño hondo.

El aire vapulea, agita esteros invisibles.
Sujetamos la bandera, trenzada a la sangre,
a los ríos, a la tierra. A sus únicos colores,
a su cielo, cuando en otro lugar, nos sorprende.

Vuelvo al mar caribe, inmenso y ruidoso,
a sus láminas turquesa;
donde la sal del mundo se renueva,
donde cada vida se diluye, se pierde.

VISIONES

A lo lejos, la felicidad,
su paso etéreo.
Aquí la lluvia persistente,
innumerable, helada.

Bastión de memorias
que la piel no vaticina,
albergue silencioso
puente extenso y cobrizo,

destierra alfabetos,
enlaza nuevos acentos.
Trae visiones urgentes,
música y objetos frágiles,

la risa anudada de aquellos días,
se acerca con temblor diáfano,
trae en sus manos el firmamento,
un lirio, una oruga, algo de mí.

ECOS

El pasado mueve sus crestas,
me hace parte de su eco,
con un zarpazo me alcanza,
altera mis gestos, disimulo.
Abre sus fauces y suelta fuego,
me empuja al borde,
hacia la cuerda floja,
a un desfiladero,
ese lugar preciso,
de oscuridad y vértigo
uno más en el mundo,
abierto al dolor.

NADA

Cuando el ruido se disipe
quedaremos nosotros,
egos que riñeron
mientras ganaban espacio
los cuerpos.
Milímetros de la nada,
en la taza vacía.

Sin culpas visibles,
la rutina y su silencio
las horas gastadas,
sin frases que celebrar,
sin disimulo,
la nada es esto.

Cielo despejado e incendiario,
nudo doble estomacal,
bosque arrasado,
viento cósmico, precipicio,
vidrio molido en los ojos,

ceguera.

NOCHES SIN LUNA

Aquí la noche deja los juncales con sangrientos reflejos,
con ondas purpurinas
en penumbra y escamas aceradas.
VICENTE GERBASI

Develar la sustancia,
cuando la vida nos persigue,
cautiva en algunos milagros.

La muerte habita en las miradas,
omnipresente y sigilosa,
al desprenderse, quema.

En la vastedad de la memoria,
noche quebrada, sin luna,
somos polvo adormecido.

ABANDONO

Ocho meses sin ellos,
sin la textura de cada letra
ni el azul indeleble
que los engendró.

Sin la forma en la palabra,
o la palabra formada;

ocho meses sin sentirlos,
abatidos en rincones,
puro fermento de olvido,
ausentes de mí.

DESPERTARES

Este instante se mella
al borde de rieles infinitos,
cien mil veces heridos
entre la tierra y su humo,

cada tramo se descose a voluntad
me hallo en otra constelación
cuando la mañana se levanta
y con holgura, asiste.

El divertimento me entrega
su algarabía, me dejo llevar.
Apago la palabra en mis sienes,
sigo el ritmo de eso que suena.

Asumo cada despertar,
esta existencia salvaje
que mastica,
una vida a la vez.

CAMINANTES

Intentan seguir la ruta que trazaron,
van batallando con sus molinos.
El hambre y la sed cavan dentro,
son dueños de sus cuevas, del miedo.

Una mano sostiene a la otra, ¿por cuánto tiempo?
La lluvia enjuaga sus almas, las ganas mutiladas,
el baño silvestre, sus rostros, la camisa deshecha,
y la última taza de café, una taza ¿para seis?

En la tierra húmeda, pisan fuerte,
al caer, desempolvan la valija y siguen.
Nombran a sus Dioses, creen verlos.
En la sordera colectiva, deciden confiar.

Supervivencia silenciosa,
en un presente roído y desnudo,
el tiempo transcurre,
mientras corazones parias
beben sus lágrimas.

GRAVEDAD

La tierra se aproxima,
arroja granizo,
cristal esmerilado,
es un islario
nada sabe del perdón.
Gravitamos atados de manos.
La lluvia hace agujeros
la noche se pronuncia,
algo se atreve a decir.
Sopla cada vida y nos mece,
en realidad, nos cuece.
Nos sostiene, ¿a todos por igual?
Abriga al niño y sus cantos en rueda,
al beso ebrio de corazones aprendices
que simulan y tropiezan,
que intentan cada día seguir.

CUERPOS VENCIDOS

Miradas en blanco y negro
desbordan las paredes,
cadáveres espinosos
ya sin olor, ya sin dolor.
El pasado y sus laberintos,
los cuerpos vencidos,
una mecedora sin ritmo,
la mancha en el sillón sin gato,
telas arácnidas sostén de la nada.
Casas que siguen en vigilia,
tras el asedio de sus apariciones,
el dolor volcánico de los recuerdos.

DESDE EL SUR

Deletrear el presente,
sus minutos finitos,
sabiduría ancestral para llevar.

Descifrar la espuma, su porosidad.
Palpar sus contornos, soplar,
observar lo que queda.

Custodiar los versos en la arena.
Perseguir al mar, descubrir sus límites,
hacer silencio y entender su lenguaje.

En su inmensidad reconocer
lo esencial, lo efímero, el vacío,
desde esa orilla que somos.

FERMENTO

Sostiene un cigarrillo, lo pierde.
La orfandad deambula y espera,
sin saber qué esperar.
Insiste en buscar el fuego.

El perro olfatea su espacio,
se acomoda, lo acompaña.
Vierten su desesperanza
en lugares prohibidos,
la fidelidad se pone a prueba
en arcos de frío y desolación.

La orfandad es una mancha
que cruza la tierra,
rasgadura honda que sangra
y se esconde en rincones distintos.

La nicotina deja su rastro,
la tos se acentúa, otros la esquivan.
El hambre arde imprevista,
estremece los cuerpos,
que ya no saben a dónde ir.

VUELOS

Como espadas en desorden,
la luz recorre los campos.
Islas de sombras se desvanecen
e intentan, en vano, sobrevivir más lejos.
ÁLVARO MUTIS

Los latidos se aceleran,
se ajustan la cintura.
La altitud talla los tímpanos.
Prisioneros en islas
con letras y números,
islas imprevistas,
islas serendipia.

Islas marginadas,
islas felices,
islas somnolientas,
islas con deudas,
islas con miedo,
islas que aman,
tan distantes y próximas.

Fricción con la tierra
que reduce y silencia.
Somos, como tantas veces,
un acto de fe.

SOY

Soy exilio en el preámbulo
de algunos encuentros,
en el penúltimo atardecer,
en el idioma extranjero,
en la despedida.

Soy los olores, el afán, las lágrimas.
Las casas que me han abrigado.
Soy también mi infancia
y las pieles que añoro.

Soy esa niña rebelde que canta en su lengua,
soy su madre con hermoso Sari, sonriendo,
mientras sella con el dedo índice sus labios,
indicándole que no debería hacerlo, no aquí.

Soy la anciana que explica algo a su perro,
soy su paso lento, el vuelo de su falda.
Soy el ave que migra, este naufragio,
también soy invención del cosmos,

caos,

materia.

DIECINUEVE ALMAS

En la soledad nocturna,
sus rostros palidecen, se desfiguran
sus cuerpos, una herida en el firmamento,
mi escalofrío, en esta hora quieta.

Olas frenéticas borran sus historias,
el océano devora la esperanza común.
Escucho el llanto resignado de cada uno,
diecinueve almas, como la mía, a la deriva.

No hay pecado en huir para sobrevivir.
Intentarlo no los redime, no los salva.
La espuma no los conduce a su origen,
a la patria herida que somos.

BÚSQUEDAS

Se le busca en el silencio,
en la oquedad de la noche
en la plegaria vencida
de quien anhela asirlo,
y nunca más dejarlo ir.

Se le busca entre las piedras,
en los olores que trae el viento,
en el acento semejante,
en la infancia evocada,
al mirar su tibio perfil.

En el golfo prominente,
o el paisaje convaleciente,
que se escurre sin querer.
En el hambre y su temblor cabizbajo,
en todo aquello que se le parece.

Al país se le busca en el espejo,
en el abrazo del otro,
quien también ha elegido
de algún lugar, partir.

TRAGALUZ

La última noche
enciende la vela
se entrega a su líquido,
al descuido del tiempo
y su calor.

Al bajar la voz,
el lamento persiste
damos una tregua,
la oscuridad continúa,
más hueca y frágil.

IMÁGENES SEPIA

El agua es retenida,
en una fuente antigua
y somnolienta.

Cualquier rincón
es pasadizo endeble
hacia aquellos días.

Hay retratos,
flores y espantos
que ya no se miran.

Fragancias conocidas
unen mis párpados,
son alivio para el alma,
cada vez que decide volver.

DESTIERRO

La melancolía me atraviesa,
cruza mi cuerpo inerme,
se convierte en fuelle.
Lo consigo a contraluz,
numero sus actos heroicos,
sus grietas y oficios de costumbre.
Quizás en algún plenilunio
volverá mi alma
a su tibia morada,
¿La reconocerá?
Tendrá sentido este lacrimal sin celda,
esta placa de Anatolia.
Su suelo y mis recuerdos,
este amor en duermevela,
mirarnos otra vez.

LA CASI MUERTE

Manantial de incertidumbres,
espejo desierto donde languidece el cuerpo,
sus hábitos, su ánimo, su forma.
Refleja las dudas, decide nombrarlas,
usa una lengua extraña.
La casi muerte,
extiende sus velas
¿A qué orilla me arrastra?
a ese puerto inasible,
donde todo es presagio.

II

Wir sollen heiter Raum um Raum durchschreiten,
An keinem wie an einer Heimat hängen,
Der Weltgeist will nicht fesseln uns und engen,
Er will uns Stuf´ um Stufe heben, weiten.
Kaum sind wir heimisch einem Lebenskreise
Und traulich eingewohnt, so droht Erschlaffen,
Nur wer bereit zu Aufbruch ist und Reise,
Mag lähmender Gewöhnung sich entraffen
STUFEN, HERMANN HESSE

PEREGRINO

Cada cuerpo con su deseo y el mar al frente.
Cada lecho con su naufragio
y los barcos al horizonte.
EUGENIO MONTEJO

Hay mensajes
en el vals de la lluvia,
en la botella flotante,
que el sol no compadece.
Acertijos abordan
naves de cristal.

Fósiles traducen,
describen lo que ven;
corales durmientes,
un caballito de mar,
algas oscuras y dispersas,
vidas en miniatura,
palabras sin pronunciar,
secretos del corazón,
la belleza remota,
lo que el agua golpea
y trae desnudo a su orilla.

RAÍZ

Volví a mi pasividad doliente,
donde no hay ruido. Pero atiendo,
en la frontera cada una de las letras
de ese salmo: la tal vez alegría.
YOLANDA PANTIN

Un samán centenario, un archipiélago,
una cascada en el verde prolongado,
un Arauca extendido hacia el alma.
La selva húmeda, ante mis ojos,
una sabana, sus gigantes en custodia,
el mar caribe, las palmeras curvadas.
Un tiburón ballena tras las camiguanas,
el caño de un río caudaloso,
un peñero con nombre propio,
una alegría sonora y fragmentada,
el ecocidio dorado de su belleza.
Una deuda de abrazos y sabores,
una celebración postergada,
un nido de recuerdos cálidos.
El polvo de mis muertos.
La luna, sus tonadas en extravío.
Recuerdos colgados en paredes.
Un país y sus esteros de melancolía.

EN SOLITARIO

Benditas soledades,
que sin argumento
nos sostienen,
en el segundero pulsátil,
durante la caída.

Son pulcras soledades,
quienes descubren la ruta
sobre la palma rasgada
y doliente.

DEJA VÚ

Las horas no se gastan,
zigzaguean y se parten,
fieles regresan a mí.

En el vaso roto, el alma frágil,
fuga de instantes felices,
gotas lastiman la ropa.

Tus manos irrumpen el aire,
tus ojos, son lagos serenos.
La luz tenue de aquella mañana,
viaja en búmeran hasta aquí.

La memoria es una gruta maciza,
agua abundante y sonora;
trae partes suspendidas,
de todo aquello que fuimos.

FUGAS

¿A dónde van los astros que no reconocemos en sueños?
las excepciones, los duelos periféricos, la agonía.
El miedo que estalla y tarda en diluirse.

El sauce que llora. Las nubes y su extravío,
los blandos que aman, los sabios que perdonan,
los distraídos que olvidan, el lamento de la tierra.

¿A dónde van los poemas inconclusos?,
la sangre derramada, los hilos vencidos,
el grito hosco de esta ciudad.

EXTRAVÍO

El destino minimiza
el torso prominente de la tierra,
los colores se apagan,
¿Se fugan?, ¿a dónde van?

En otras latitudes
los días cambian,
toman una ruta distinta,
son pieles en extravío,
buscan otros cuerpos.

Hoy somos
mi exilio y yo,
en el azar de esta tarde,
una de tantas,
silenciosa, frágil, etérea.

CONTINENTES

Yo,
yo creo
yo intento
rescatar las piezas.
En abstracción móvil
sillas, papeles, agujas, luz.
El plexo solar en mi ombligo.
Líquidos, células, centrífugas, paz.
Mis ojos se hidratan con nubes grises,
en el escrutinio involuntario de este lugar,
en la alegoría permanente de voces y colores.
Esto soy, limpia soledad vertida en los poemas
palabra blanda y a veces oscura, dulzura esternal.
Los continentes suspendidos, las verdades en mi cara.
Verbo corto y rezagado en la traducción simultánea.
La virtud del olvido. La piel seca. Mi desnudez.
La humedad cóncava pulsátil donde celebrar
Un ciempiés/un ciprés/un después/un algo
La mordida fuerte nocturna. Inocencia.
El amor que se hace y se deshace.
El acoso de la palabra precisa.
Cierta sorpresa infantil.
La alegría escudada,
Llanto encorvado.
El silencio,
el otro.
Él.

ENUNCIACIÓN

Eso hacen los poemas
cuando no se nombran.

El poema insomne
se agita entre los dientes,
toma atajos y reaparece,
evocando un olor.

Es crujido en las palabras,
en el agua que humedece la cara,
en el café que desciende la garganta.

Ideas revoloteando en el tráfico,
detrás de la línea amarilla,
junto a la almohada,
en la sala de espera.

Pensamiento oruga,
hilvanado con paciencia,
aguardando un vuelo
que quizás, no conoceremos.

TRASCENDENCIA

¿Cuántas veces se rasga el cielo?
y nos vestimos con lo que queda,
de un adiós improvisado, simbólico
al fin y al cabo, mundano.

En el ¿existimos?
o es acaso esta aurora
una invención pasajera,
materia efervescente,
dibujo imposible,
lo más elevado,
ese ver y no tocar perenne.

PAUSA

Estallará la isla del recuerdo.
La vida será sólo un acto de candor.
Prisión para los días sin retorno.
ALEJANDRA PIZARNIK

No hay certeza
en los finales diferidos,
al postergar.

La madrugada se hiende,
siempre incalculable.
La recorro sin gestos,
pensativa y descalza.

Seguimos,

no hay certeza,
cuando a nadie traen
las horas.

VIOLETA

A Florencia

Lejos de mi sombra
una revelación
de colosos marginados
y luces agónicas.

Ya no puedo verla,
en esta distancia
sorda/figurativa/oceánica
ni a la ciudad, ni a sus fuentes.

Recuerdo sus nubes raras,
el chasquido de los árboles,
la lluvia embistiendo,
siempre horizontal.

Las miradas idílicas
sobre la piedra caída,
sobre su rastro acuático,
sus atardeceres violeta.

AMNESIA

Irregulares las gotas en la ventana,
mis intentos de limpiarla.
Aquello que tanto pesaba
se ha vuelto ínfimo y ligero,
dientes afuera casi nada,
dientes adentro menos que eso.
Un muñequito raro y famélico,
que nadie se atreve a alimentar.
En esta noche llena de olvidos,
renuncias y promesas, Dios duerme,
los árboles cambian de piel.
Cierro los ojos, ¿cuento hasta mil?
Le ofrezco ventaja, el tiempo necesario,
un baúl distinto a la memoria,
un submarino, un cielo entero.
Una casa en Derinkuyu,
tal vez en la fosa de las Marianas,
alguna galaxia por descubrir.

LO QUE NO VEMOS

El asedio de aquella luz
—intensa y natural—,
mi nombre, largo y místico,
me traen rápido de vuelta;
un anillo seco en la garganta,
me impide responder.

¿De cuántos abismos nos han rescatado?
Es el cuerpo que habito,
un día cualquiera,
en el descuido de no saber
a dónde va.

RAPSODIA

El paisaje me protege,
pleno de hazañas,
imposibles de entender.

Es una rapsodia,
un mundo volátil,
se muestra inconcluso,
más allá de este y otros mundos,
de tantos cerrojos
y finales por venir.

Es un hermoso sonajero,
extraño firmamento,
me recuerda tanto a la vida.

VENUS

A Bianca

Somos ánforas de plata,
en el desconcierto del universo,
en la inmensidad solar rubicunda.

Venus se revela en seis horas,
es un apéndice oscuro
de gases septentrionales
y virutas de jabón,

ante pupilas gastadas,
pero no de Venus,
de la noche mutilada,
del peso insoportable
de los astros.

Somos un sueño hemisférico
poblando la tierra,
que se detiene para observar
este y otros misterios.

CAYENAS PARA DÍAS FEBRILES

Copa la tarde,
el deceso de la lluvia
la intención de las libélulas
en el abrazo imposible.

Paciente, la luz se libera
se aloja en otros cuerpos
exhausta del mismo horizonte
cíclico, inerte.

Conmueve a la tarde,
un fragmento bizarro de luna
las flores se tiñen,
hendidas en mi boca febril.

Siguen las manos torpes
tanteando la noche,
persiguen una Aljamía,
en cada sombra conocida.

ESPEJISMOS

Un traga formas húmedo
intenta revelar el trayecto.
Con paciencia, me miro
hay sorpresa en lo que veo,
la silueta de un desconocido,
una aventura móvil y oscura
una huella blanda y profunda,
presagio de futuro, un espejismo,
que bien podría ser yo.

MATER LINGUA

Dedicarte esto hecho de ti,
voseo de mis ancestros.
Conseguirte en una canción,
tararearte bajito, para adentro,
así volver a ti.
Descubrirte en tantos poemas,
acurrucarme en tu paz, allí pernoctar,
articularte, ante la extrañeza de los otros,
sonreír, al comprobar, nos tenemos.
Verbo amplio y frondoso,
aquí sigues, anudado a mi alma.
Hebra mágica, invisible, no me olvides,
nunca te olvides de mí.

LUNAR

No era un volcán,
quizás una piedra,
un punto expandido,
una mancha amorfa
sobrevive sin saberlo.
El temblor que miro,
con paciencia, a lo lejos.
Una corona de azaleas,
una enredadera de sueños,
un espacio que se difumina,
huesos frágiles y tibios,
la tierra de mis muertos.

EL ÚLTIMO VIAJE

Sortear la ausencia, sin saber qué hacer,
desprendernos o colgarnos a ella,
rebanar con terquedad el dilema.
Examinar los atardeceres,
las desapariciones en general,
especialmente si son definitivas.
Celebrar que no hay pendientes,
una confesión, un abrazo largo,
la risa cómplice, el postre favorito,
Una palabra amable. Cada enmienda.
Sin arrepentimientos, recordar
el concierto que nos robó la voz,
la escucha prolongada, sin juicios.
El paisaje cambiante, que nos protegió.
Hacer las paces con el suelo adoptivo.
Que no falta un sueño íntimo por cumplir,
la libertad, en cada kilómetro del recorrido.

COLORES

La esterilidad blanca es pasajera,
la sangre es obra de la ingeniería química
—de su dinámica de fluidos—
los azules son los verdes cuando se gastan,
las pieles, un pantone infinito.
La oscuridad no siempre es hueca.
Muy tarde nos descubrimos,
asteriscos universales,
en algún firmamento distante.

INSOMNIO

Parece que el alma tiene
tiniebla en la que crecer:
una locura que viene
de desear comprender
FERNANDO PESSOA

La madrugada es breve,
ninguna otra es mi morada.
Las palabras se fugan,
dejan un rumor vagabundo
que el desvelo no atiende.

Hace frío dentro y fuera,
es tarde, o ¿quizás muy temprano?
Mi alma y yo, sin comprender,
el silencio de los días nublados,
la mano que arranca al árbol.
La palabra prejuicio, su origen,
las pieles que persigue su filo.
Quién sostiene la brújula,
ni a dónde nos llevan.

EMISARIO TERRESTRE

En el extravío,
no siempre dócil
me recibe.
Entre sus bordes,
la médula compacta,
el centro sagrado,
intacto y misterioso.
Emisario terrestre,
admite equivocaciones,
subyuga mi verbo,
mi tedio
y la melancolía,
sílaba por sílaba
se traduce.

VERBIGRACIA

Elevamos el alfabeto,
en este purgatorio
de fantasmas heridos.

Coleccionamos sonidos,
glorias y despedidas.
Un aire denso los remueve,
los trae, aquí los deja.

Lanzamos nuestras súplicas,
y en la rambla se pierden,
es la lucidez de la palabra.

COLUMPIO

Un alma se fuga, visita aquel mechurrio,
se cubre con yodo marino viscoso.
Regresa al sol resplandeciente,
en aquellos días de secretos anhelos,
a la brisa que alborotaba mi cabello,
y me cerraba complacida la mirada.
Mis pies en continuo vaivén cerca de la arena,
—antes, tan lejos del hoyo que cavaban al aterrizar—
el crujido de la cadena al rozar con la madera,
la tristeza tras abandonar aquel péndulo.
A lo lejos, un grito, el de mi madre,
repetía mi nombre, seguido de «Ya nos vamos»,
su promesa de volver, las arrugas en mis manos
mis primas, sus risas infinitas. Diversión en bucle.
Mi alma enmudecida regresa a su guarida feliz,
ese pozo breve y mágico de la infancia.

REGRESO

A Banim

Vuelvo a casa,
a su coro de chicharras,
a las bisagras vencidas
hacen alarde de lo sucedido

vuelvo a casa
un jazmín delirante me abriga,
perfuma mi sangre.
Me abraza.

Retorno a mi lugar
a la holgura de mi casa
donde mi pequeña vida
se pasea distraída, juega
duerme y a ratos me sorprende.

La cama aún erguida,
abandonada, es terciopelo
que agradece en alivio mi cuerpo.

Cuántos recuerdos en cada ranura
en la piedra original, el granito pulido,
que hoy me sostiene.

Casi puedo escucharlo
anhelante, lacónico,
este espacio, tibio aún
a mi regreso.

ATARDECERES

Una trampa de luz desde la muralla.
Es el universo cediendo o acaso
somos nosotros ¿arrebatándole algo?
Un cielo vencido y quieto se derrama,
toma las dudas, nos libera de culpas.
Los atardeceres fingen, silencio angustioso,
en esta distancia larga, donde los días,
se desvanecen, procuran deslizarse en paz.

CARIBE

Buscarnos y encontrarnos,
lo que siempre hacemos.
Hasta que mi alma, finalmente,
abandone los bordes y se rinda ante ti.
Aguardará el cuerpo su momento,
una estructura formal, la aprobación,
esos trámites que el alma no conoce.
Llegaremos juntos, algún día
a la plenitud de tu cielo, esa cubierta frágil
en la que aprendiste a jugar y perderte.

ÍNDICE

I

II